The Shooting Log Book

Copyright Bill Battersby © 2019
All rights reserved

ISBN 978-1-908567-91-8

Disclaimer: Every effort has been made to ensure that the content provided is accurate and helpful for our readers at publishing time. No liability is assumed for losses or damages due to the information provided.

Personal Details

Shotgun Certificate No ....

Firearms Certificate No ....

Gun Insurance

Company ....

Policy Number ....

Contact Phone No ....

Personal Insurance

Company ....

Policy Number ....

Contact Phone No ....

Other Insurance

Company ....

Policy Number ....

Contact Phone No ....

Shooting Seasons

Game bird or waterfowl	England & Wales	Scotland	Northern Ireland
Black Grouse	20th Aug – 10th Dec **	20th Aug – 10th Dec	N/A
Common Snipe	12th Aug – 31st Jan	12th Aug – 31st Jan	1st Sept – 31st Jan
Coots & Moorhen	1st Sept – 31st Jan	1st Sept – 31st Jan	Protected
Ducks & Geese (inland)	1st Sept – 31st Jan	1st Sept – 31st Jan	1st Sept – 31st Jan
Ducks & Geese (below high water mark)	1st Sept – 20th Feb	1st Sept – 20th Feb	1st Sept – 31st Jan
Golden Plover	1st Sept – 31st Jan	1st Sept – 31st Jan	1st Sept – 31st Jan
Jack Snipe	Protected	Protected	1st Sept – 31st Jan
Grey Partridge	1st Sept – 1st Feb	1st Sept – 1st Feb	1st Sept – 31st Jan
Pheasant	1st Oct – 1st Feb	1st Oct – 1st Feb	1st Oct – 31st Jan
Ptarmigan	N/A	12th Aug – 10th Dec	N/A
Red-Legged partridge	1st Sept – 1st Feb	1st Sept – 1st Feb	1st Sept – 31st Jan
Red Grouse	12th Aug – 10th Dec	12th Aug – 10th Dec	12th Aug – 30th Nov
Woodcock	1st Oct – 31st Jan	1st Sept – 31st Jan	1st Oct – 31st Jan

All above dates are inclusive.

** except Somerset, Devon & New Forest, 1st Sept – 10th Dec.

Deer		England & Wales	Scotland	Northern Ireland
Chinese Water Deer	Bucks	1st Nov – 31st Mar	N/A	N/A
	Does	1st Nov – 31st Mar	N/A	N/A
Fallow	Bucks	1st Aug – 30th April	1st Aug – 30th April	1st Aug – 30th April
	Does	1st Nov – 31st Mar	21st Oct – 15th Feb	1st Nov – 31st Mar
Red	Stags	1st Aug – 30th April	1st July – 20th Oct	1st Aug – 30th April
	Hinds	1st Nov – 31st Mar	21st Oct – 15th Feb	1st Nov - 31st Mar
Sika	Stags	1st Aug – 30th April	1st July – 20th Oct	1st Aug – 30th April
	Hinds	1st Nov – 31st Mar	21st Oct – 15th Feb	1st Nov – 31st Mar
Red / Sika hybrid	Stags	1st Aug – 30th April	1st July - 20th Oct	1st Aug – 30th April
	Hinds	1st Nov – 31st Mar	21st Oct – 15th Feb	1st Nov – 31st Mar
Roe	Bucks	1st April – 31st Oct	1st April – 20th Oct	N/A
	Does	1st Nov – 31st Mar	21st Oct – 31st March	N/A

No game may be killed or taken in England on Sundays or on Christmas Day.

No game may be killed or taken in Northern Ireland on Sundays

Wild Boar – there is currently no closed season.

Wild Fowling season is from 1st September to February 20th (31st January in Northern Ireland)

The Shoot

Shoot

Date

Guns

Weather

Comments

The Bag

Duck	....
Grouse	....
Partridge	....
Pheasant - Cocks	....
Pheasant - Hens	....
Woodpigeon	....
Other:	....

TOTAL ....

The Shoot

Shoot ....

Date ....

Guns ....

....

....

....

....

....

....

....

....

....

....

Weather ....

....

Comments ....

....

....

....

....

The Bag

Duck ....

Grouse ....

Partridge ....

Pheasant - Cocks ....

Pheasant - Hens ....

Woodpigeon ....

Other: ....

....

....

....

....

....

....

....

....

....

....

....

....

TOTAL ....

The Shoot

Shoot ....

Date ....

Guns ....

....

....

....

....

....

....

....

....

....

....

Weather ....

....

Comments ....

....

....

....

....

The Bag

Duck ....

Grouse ....

Partridge ....

Pheasant - Cocks ....

Pheasant - Hens ....

Woodpigeon ....

Other: ....

....

....

....

....

....

....

....

....

....

....

....

....

TOTAL ....

The Shoot

Shoot ....

Date ....

Guns ....

....

....

....

....

....

....

....

....

....

Weather ....

Comments ....

....

....

....

....

The Bag

Duck ....

Grouse ....

Partridge ....

Pheasant - Cocks ....

Pheasant - Hens ....

Woodpigeon ....

Other: ....

....

....

....

....

....

....

....

....

....

....

....

TOTAL ....

The Shoot

Shoot ....

Date ....

Guns ....

....

....

....

....

....

....

....

....

....

....

Weather ....

....

Comments ....

....

....

....

....

The Bag

Duck ....

Grouse ....

Partridge ....

Pheasant - Cocks ....

Pheasant - Hens ....

Woodpigeon ....

Other: ....

....

....

....

....

....

....

....

....

....

....

....

....

TOTAL ....

The Shoot

Shoot

Date

Guns

Weather

Comments

The Bag

Duck

Grouse

Partridge

Pheasant - Cocks

Pheasant - Hens

Woodpigeon

Other:

TOTAL

The Shoot

Shoot

Date

Guns

Weather

Comments

The Bag

Duck	....
Grouse	....
Partridge	....
Pheasant - Cocks	....
Pheasant - Hens	....
Woodpigeon	....
Other:	....

....

....

....

....

....

....

....

....

....

....

....

....

TOTAL ....

The Shoot

Shoot   ....

Date   ....

Guns   ....

....

....

....

....

....

....

....

....

....

Weather ....

Comments ....

....

....

....

....

The Bag

Duck	....
Grouse	....
Partridge	....
Pheasant - Cocks	....
Pheasant - Hens	....
Woodpigeon	....
Other:	....
....	....
....	....
....	....
....	....
....	....
....	....
....	....
....	....
....	....
....	....
....	....
....	....
TOTAL	....

The Shoot

Shoot .....

Date .....

Guns .....

.....
.....
.....
.....
.....
.....
.....
.....
.....
.....

Weather .....

Comments .....

.....
.....
.....
.....

The Bag

Duck ....

Grouse ....

Partridge ....

Pheasant - Cocks ....

Pheasant - Hens ....

Woodpigeon ....

Other: ....

....

....

....

....

....

....

....

....

....

....

....

....

TOTAL ....

The Shoot

Shoot ....

Date ....

Guns ....

....

....

....

....

....

....

....

....

....

Weather ....

....

Comments ....

....

....

....

....

The Bag

Duck ....

Grouse ....

Partridge ....

Pheasant - Cocks ....

Pheasant - Hens ....

Woodpigeon ....

Other: ....

....

....

....

....

....

....

....

....

....

....

....

....

TOTAL ....

The Shoot

Shoot ....

Date ....

Guns ....

....

....

....

....

....

....

....

....

....

....

Weather ....

Comments ....

....

....

....

....

The Bag

Duck	....
Grouse	....
Partridge	....
Pheasant - Cocks	....
Pheasant - Hens	....
Woodpigeon	....
Other:	....
....	....
....	....
....	....
....	....
....	....
....	....
....	....
....	....
....	....
....	....
....	....
....	....
TOTAL	....

The Shoot

Shoot

Date

Guns

Weather

Comments

The Bag

Duck ....

Grouse ....

Partridge ....

Pheasant - Cocks ....

Pheasant - Hens ....

Woodpigeon ....

Other: ....

....

....

....

....

....

....

....

....

....

....

....

....

....

TOTAL ....

The Shoot

Shoot

Date

Guns

Weather

Comments

The Bag

Duck	....
Grouse	....
Partridge	....
Pheasant - Cocks	....
Pheasant - Hens	....
Woodpigeon	....
Other:	....

TOTAL ....

The Shoot

Shoot ....

Date ....

Guns ....

....

....

....

....

....

....

....

....

....

Weather ....

Comments ....

....

....

....

....

The Bag

Duck

Grouse

Partridge

Pheasant - Cocks

Pheasant - Hens

Woodpigeon

Other:

TOTAL

The Shoot

Shoot

Date

Guns

Weather

Comments

The Bag

Duck ....

Grouse ....

Partridge ....

Pheasant - Cocks ....

Pheasant - Hens ....

Woodpigeon ....

Other: ....

....

....

....

....

....

....

....

....

....

....

....

....

TOTAL ....

The Shoot

Shoot   ....

Date   ....

Guns   ....

....

....

....

....

....

....

....

....

....

Weather   ....

Comments   ....

....

....

....

....

The Bag

Duck	....
Grouse	....
Partridge	....
Pheasant - Cocks	....
Pheasant - Hens	....
Woodpigeon	....
Other:	....
....	....
....	....
....	....
....	....
....	....
....	....
....	....
....	....
....	....
....	....
....	....
....	....

TOTAL ....

The Shoot

Shoot

Date

Guns

Weather

Comments

The Bag

Duck	....
Grouse	....
Partridge	....
Pheasant - Cocks	....
Pheasant - Hens	....
Woodpigeon	....
Other:	....
....	....
....	....
....	....
....	....
....	....
....	....
....	....
....	....
....	....
....	....
....	....
....	....
TOTAL	....

The Shoot

Shoot ....

Date ....

Guns ....

....

....

....

....

....

....

....

....

....

....

Weather ....

....

Comments ....

....

....

....

....

The Bag

Duck ....

Grouse ....

Partridge ....

Pheasant - Cocks ....

Pheasant - Hens ....

Woodpigeon ....

Other: ....

....

....

....

....

....

....

....

....

....

....

....

....

TOTAL ....

The Shoot

Shoot   ....

Date   ....

Guns   ....

....

....

....

....

....

....

....

....

....

Weather   ....

            ....

Comments   ....

....

....

....

....

The Bag

Duck	....
Grouse	....
Partridge	....
Pheasant - Cocks	....
Pheasant - Hens	....
Woodpigeon	....
Other:	....

....

TOTAL

The Shoot

Shoot

Date

Guns

Weather

Comments

The Bag

Duck	....
Grouse	....
Partridge	....
Pheasant - Cocks	....
Pheasant - Hens	....
Woodpigeon	....
Other:	....
....	....
....	....
....	....
....	....
....	....
....	....
....	....
....	....
....	....
....	....
....	....
....	....

TOTAL ....

The Shoot

Shoot ....

Date ....

Guns ....

....

....

....

....

....

....

....

....

....

....

Weather ....

Comments ....

....

....

....

....

The Bag

Duck ....

Grouse ....

Partridge ....

Pheasant - Cocks ....

Pheasant - Hens ....

Woodpigeon ....

Other: ....

....

....

....

....

....

....

....

....

....

....

....

....

TOTAL ....

The Shoot

Shoot

Date

Guns

Weather

Comments

The Bag

Duck

Grouse

Partridge

Pheasant - Cocks

Pheasant - Hens

Woodpigeon

Other:

TOTAL

The Shoot

Shoot ....

Date ....

Guns ....

....

....

....

....

....

....

....

....

....

....

Weather ....

....

Comments ....

....

....

....

....

The Bag

Duck ....

Grouse ....

Partridge ....

Pheasant - Cocks ....

Pheasant - Hens ....

Woodpigeon ....

Other: ....

....

....

....

....

....

....

....

....

....

....

....

....

TOTAL ....

The Shoot

Shoot ....

Date ....

Guns ....

....

....

....

....

....

....

....

....

....

....

Weather ....

Comments ....

....

....

....

....

The Bag

Duck ....

Grouse ....

Partridge ....

Pheasant - Cocks ....

Pheasant - Hens ....

Woodpigeon ....

Other: ....

....

....

....

....

....

....

....

....

....

....

....

....

TOTAL ....

The Shoot

Shoot

Date

Guns

Weather

Comments

The Bag

Duck

Grouse

Partridge

Pheasant - Cocks

Pheasant - Hens

Woodpigeon

Other:

TOTAL

The Shoot

Shoot ....

Date ....

Guns ....

....

....

....

....

....

....

....

....

....

....

Weather ....

....

Comments ....

....

....

....

....

The Bag

Duck

Grouse

Partridge

Pheasant - Cocks

Pheasant - Hens

Woodpigeon

Other:

TOTAL

The Shoot

Shoot ....

Date ....

Guns ....

....

....

....

....

....

....

....

....

....

....

Weather ....

Comments ....

....

....

....

....

The Bag

Duck ....

Grouse ....

Partridge ....

Pheasant - Cocks ....

Pheasant - Hens ....

Woodpigeon ....

Other: ....

....

....

....

....

....

....

....

....

....

....

....

....

TOTAL ....

The Shoot

Shoot ....

Date ....

Guns ....

....

....

....

....

....

....

....

....

....

....

Weather ....

....

Comments ....

....

....

....

....

The Bag

Duck ....

Grouse ....

Partridge ....

Pheasant - Cocks ....

Pheasant - Hens ....

Woodpigeon ....

Other: ....

....

....

....

....

....

....

....

....

....

....

....

....

TOTAL ....

The Shoot

Shoot ....

Date ....

Guns ....

....

....

....

....

....

....

....

....

....

Weather ....

....

Comments ....

....

....

....

....

The Bag

Duck ....

Grouse ....

Partridge ....

Pheasant - Cocks ....

Pheasant - Hens ....

Woodpigeon ....

Other: ....

....

....

....

....

....

....

....

....

....

....

....

....

TOTAL ....

The Shoot

Shoot ....

Date ....

Guns ....

....

....

....

....

....

....

....

....

....

....

Weather ....

Comments ....

....

....

....

....

The Bag

Duck	....
Grouse	....
Partridge	....
Pheasant - Cocks	....
Pheasant - Hens	....
Woodpigeon	....
Other:	....
....	....
....	....
....	....
....	....
....	....
....	....
....	....
....	....
....	....
....	....
....	....
....	....

TOTAL ....

The Shoot

Shoot ....

Date ....

Guns ....

....

....

....

....

....

....

....

....

....

....

Weather ....

....

Comments ....

....

....

....

....

The Bag

Duck ....

Grouse ....

Partridge ....

Pheasant - Cocks ....

Pheasant - Hens ....

Woodpigeon ....

Other: ....

....

....

....

....

....

....

....

....

....

....

....

....

TOTAL ....

The Shoot

Shoot ....

Date ....

Guns ....

....

....

....

....

....

....

....

....

....

....

Weather ....

....

Comments ....

....

....

....

....

The Bag

Duck	....
Grouse	....
Partridge	....
Pheasant - Cocks	....
Pheasant - Hens	....
Woodpigeon	....
Other:	....
....	....
....	....
....	....
....	....
....	....
....	....
....	....
....	....
....	....
....	....
....	....
....	....

TOTAL ....

The Shoot

Shoot ....

Date ....

Guns ....

....

....

....

....

....

....

....

....

....

....

Weather ....

....

Comments ....

....

....

....

....

The Bag

Duck

Grouse

Partridge

Pheasant - Cocks

Pheasant - Hens

Woodpigeon

Other:

TOTAL

The Shoot

Shoot

Date

Guns

Weather

Comments

The Bag

Duck	....
Grouse	....
Partridge	....
Pheasant - Cocks	....
Pheasant - Hens	....
Woodpigeon	....
Other:	....

TOTAL ....

The Shoot

Shoot   ....

Date   ....

Guns   ....

....

....

....

....

....

....

....

....

....

....

Weather   ....

....

Comments ....

....

....

....

....

The Bag

Duck	....
Grouse	....
Partridge	....
Pheasant - Cocks	....
Pheasant - Hens	....
Woodpigeon	....
Other:	....
....	....
....	....
....	....
....	....
....	....
....	....
....	....
....	....
....	....
....	....
....	....
....	....
TOTAL	....

The Shoot

Shoot ....

Date ....

Guns ....

....

....

....

....

....

....

....

....

....

....

Weather ....

Comments ....

....

....

....

....

The Bag

Duck	....
Grouse	....
Partridge	....
Pheasant - Cocks	....
Pheasant - Hens	....
Woodpigeon	....
Other:	....
....	....
....	....
....	....
....	....
....	....
....	....
....	....
....	....
....	....
....	....
....	....
....	....
TOTAL	....

The Shoot

Shoot ....

Date ....

Guns ....

....

....

....

....

....

....

....

....

....

....

Weather ....

....

Comments ....

....

....

....

....

The Bag

Duck ....

Grouse ....

Partridge ....

Pheasant - Cocks ....

Pheasant - Hens ....

Woodpigeon ....

Other: ....

....

....

....

....

....

....

....

....

....

....

....

....

TOTAL ....

The Shoot

Shoot

Date

Guns

Weather

Comments

The Bag

Duck ....

Grouse ....

Partridge ....

Pheasant - Cocks ....

Pheasant - Hens ....

Woodpigeon ....

Other: ....

....

....

....

....

....

....

....

....

....

....

....

....

TOTAL ....

The Shoot

Shoot ....

Date ....

Guns ....

....

....

....

....

....

....

....

....

....

Weather ....

....

Comments ....

....

....

....

....

The Bag

Duck	....
Grouse	....
Partridge	....
Pheasant - Cocks	....
Pheasant - Hens	....
Woodpigeon	....
Other:	....

....
....
....
....
....
....
....
....
....
....
....
....
....

TOTAL ....

The Shoot

Shoot ....

Date ....

Guns ....

....

....

....

....

....

....

....

....

....

....

Weather ....

Comments ....

....

....

....

....

The Bag

Duck	....
Grouse	....
Partridge	....
Pheasant - Cocks	....
Pheasant - Hens	....
Woodpigeon	....
Other:	....
....	....
....	....
....	....
....	....
....	....
....	....
....	....
....	....
....	....
....	....
....	....
....	....

TOTAL ....

The Shoot

Shoot ....

Date ....

Guns ....

....

....

....

....

....

....

....

....

....

....

Weather ....

Comments ....

....

....

....

....

The Bag

Duck	....
Grouse	....
Partridge	....
Pheasant - Cocks	....
Pheasant - Hens	....
Woodpigeon	....
Other:	....

TOTAL

The Shoot

Shoot ....

Date ....

Guns ....

....

....

....

....

....

....

....

....

....

Weather ....

Comments ....

....

....

....

....

The Bag

Duck ....

Grouse ....

Partridge ....

Pheasant - Cocks ....

Pheasant - Hens ....

Woodpigeon ....

Other: ....

....

....

....

....

....

....

....

....

....

....

....

....

TOTAL ....

The Shoot

Shoot ....

Date ....

Guns ....

....

....

....

....

....

....

....

....

....

....

Weather ....

....

Comments ....

....

....

....

....

The Bag

Duck	....
Grouse	....
Partridge	....
Pheasant - Cocks	....
Pheasant - Hens	....
Woodpigeon	....
Other:	....
....	....
....	....
....	....
....	....
....	....
....	....
....	....
....	....
....	....
....	....
....	....

TOTAL ....

The Shoot

Shoot

Date

Guns

Weather

Comments

The Bag

Duck ....

Grouse ....

Partridge ....

Pheasant - Cocks ....

Pheasant - Hens ....

Woodpigeon ....

Other: ....

....

....

....

....

....

....

....

....

....

....

....

....

TOTAL ....

The Shoot

Shoot ....

Date ....

Guns ....

....

....

....

....

....

....

....

....

....

....

Weather ....

....

Comments ....

....

....

....

....

The Bag

Duck ....

Grouse ....

Partridge ....

Pheasant - Cocks ....

Pheasant - Hens ....

Woodpigeon ....

Other: ....

....

....

....

....

....

....

....

....

....

....

....

....

TOTAL ....

The Shoot

Shoot ....

Date ....

Guns ....

....

....

....

....

....

....

....

....

....

....

Weather ....

....

Comments ....

....

....

....

....

The Bag

Duck	....
Grouse	....
Partridge	....
Pheasant - Cocks	....
Pheasant - Hens	....
Woodpigeon	....
Other:	....
....	....
....	....
....	....
....	....
....	....
....	....
....	....
....	....
....	....
....	....
....	....
....	....
TOTAL	....

The Shoot

Shoot ....

Date ....

Guns ....

....

....

....

....

....

....

....

....

....

....

Weather ....

Comments ....

....

....

....

....

The Bag

Duck

Grouse

Partridge

Pheasant - Cocks

Pheasant - Hens

Woodpigeon

Other:

TOTAL

www.ingramcontent.com/pod-product-compliance
Lightning Source LLC
Chambersburg PA
CBHW071406080526
44587CB00017B/3193